江戸城を極める

はじめに
―江戸城の経緯―

　江戸城と言えば、大奥、松の廊下、二重橋、皇居。そんなイメージを思い浮かべる人が多いのではないでしょうか。徳川幕府の拠点として築かれましたが、平和な時代にあったため、大坂城のような激しい戦闘も経験していません。そのためか、城と言うよりむしろ政治や生活の場面が前面に出てきてしまいます。城にまつわる人々も、春日局、江島と生島、浅野内匠頭、皇女和宮、篤姫などが先行し、武勇伝や戦闘指揮者達の姿は見えて来ません。しかし、江戸城は間違いなく徳川将軍家の威風を示した大城郭であり、城の規模や構造において、他城を圧倒しています。

　本書は、日本最大の面積を有す江戸城の残された軍事的施設を中心に紹介しています。山手線内の大部分が江戸城であったため、都内の至る所、近代の街並みのなかに城の面影が残されています。ぜひ、本書を片手に訪ねてみて下さい。

慶長8年（1603）、徳川家康の将軍宣下により、江戸城は、一大名徳川氏の居城ではなく「将軍の城」となったため、それに相応しい体裁を整える必要が生まれた。翌年から諸大名に工事を分担させる天下普請によって工事が本格化、縄張は築城の名手と言われ家康の信任が厚い藤堂高虎が担当。西国外様28家に加え、関東・奥羽・信越方面の大名も加わり、急ピッチに工事は進展。まず本丸御殿が完成し、この年中に天守を含めた本丸主要部が完成し、将軍の城の基本的体裁が整った。

　家康創建の天守を伝える資料は極めて少ないが、白亜の白漆喰総塗籠で、屋根瓦は鉛瓦を使用、全体が白く輝く姿であったことがうかがい知れる。慶長16年になると西の丸の工事が開始され、さらに同19年に、外郭石垣工事を実施。これにより現在の本丸・二の丸・三の丸・西の丸・北の丸・西の丸下まで城域が拡張され、巨大な城域を持つ「将軍の城」となったのである。家康存命中に実施されたのはここまでで、築城工事は家康死後も止まるばかりか、二代秀忠、さらに家光へと引き継がれ、さらなる改修・増築が実施されるのであった。

　秀忠は、元和2年（1616）城の北部に神田川を通し外堀として利用。同6年には、石垣と枡形の整備も実施。最大の工事は、本丸の大改造であった。本丸北部の梅林坂・北桔橋・西桔橋門に囲まれる出丸を取り込み本丸の拡張を実施し、ここに新天守を造営。実質的に将軍が交替したことを知らしめる天守交換に他ならない。

　家康・秀忠が進めた将軍の城完成への総仕上げは三代将軍家光の手によって実施され、現在の姿がほぼ完成を見たのは寛永年間（1624～44）のことになる。家光も、秀忠天守を解体し、日本最大規模を誇った新天守を造営する。これにより、現在の天守台の地が最終的な天守の位置となったのである。

江戸城を極める もくじ

Contents

- ■はじめに 2
- ■江戸城を歩く 5
  - 大手門 12
  - 大手三之門 14
  - 同心番所・銅門・百人番所 16
  - 中之門・中雀門 18
  - 書院出櫓・石室・松之大廊下 20
  - 天守台 22
  - 本丸・北桔橋門 24
  - 上梅林門・下梅林門・天神濠 26
  - 平川門・汐見坂・白鳥濠 28
  - 桜田二重櫓・内桜田門 30
  - 富士見櫓・数寄屋多聞 32
  - 蓮池巽三重櫓・坂下門・書院門 34
  - 伏見二重櫓・二重橋 36
  - 和田倉門・馬場先門 38
  - 外桜田門 40
  - 吹上周辺 42
  - 北の丸 44
  - 外濠　雉子橋から大名小路 48
  - 外濠　溜池から浅草見附 52
- ■江戸城略年表 62
- ■あとがき 63

江戸城を歩く

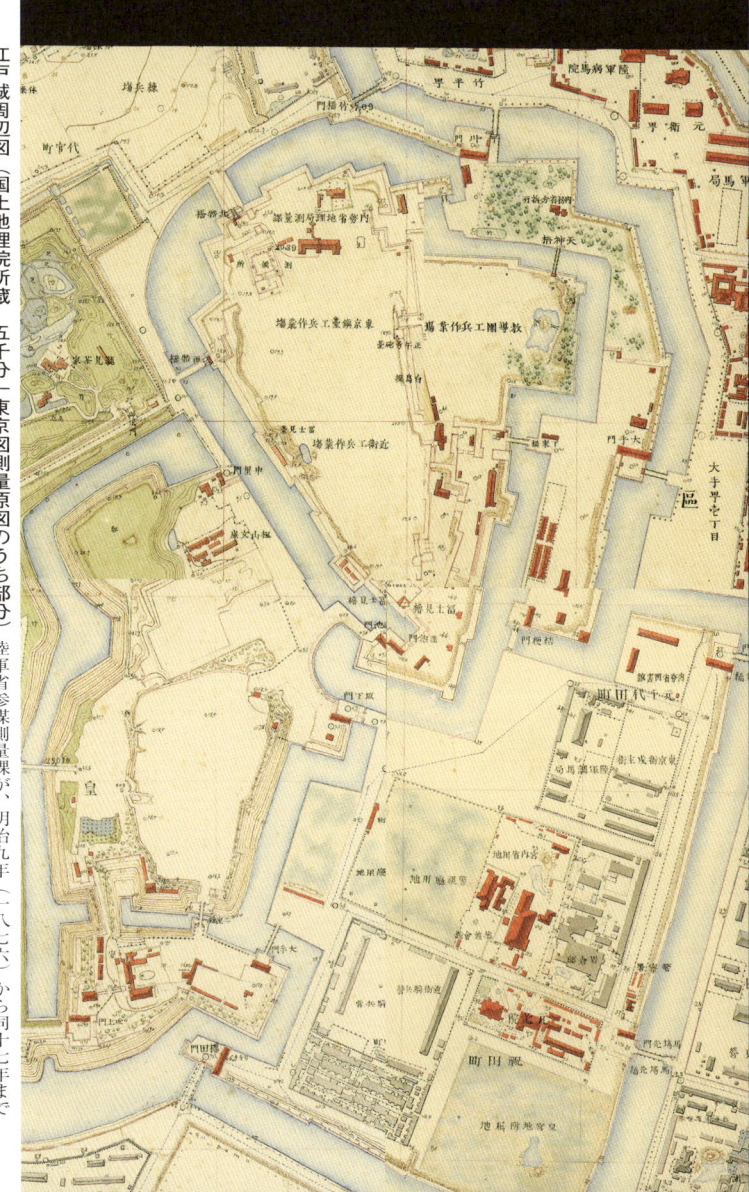

江戸城周辺図（国土地理院所蔵　五千分一東京図測量原図のうち部分）　陸軍省参謀測量課が、明治九年（一八七六）から同十七年まで測量し、その後フランス図式による彩色を施して完成。明治初期の江戸城の様子、未だ埋め立てられていない堀や、残された建物等が判明する。

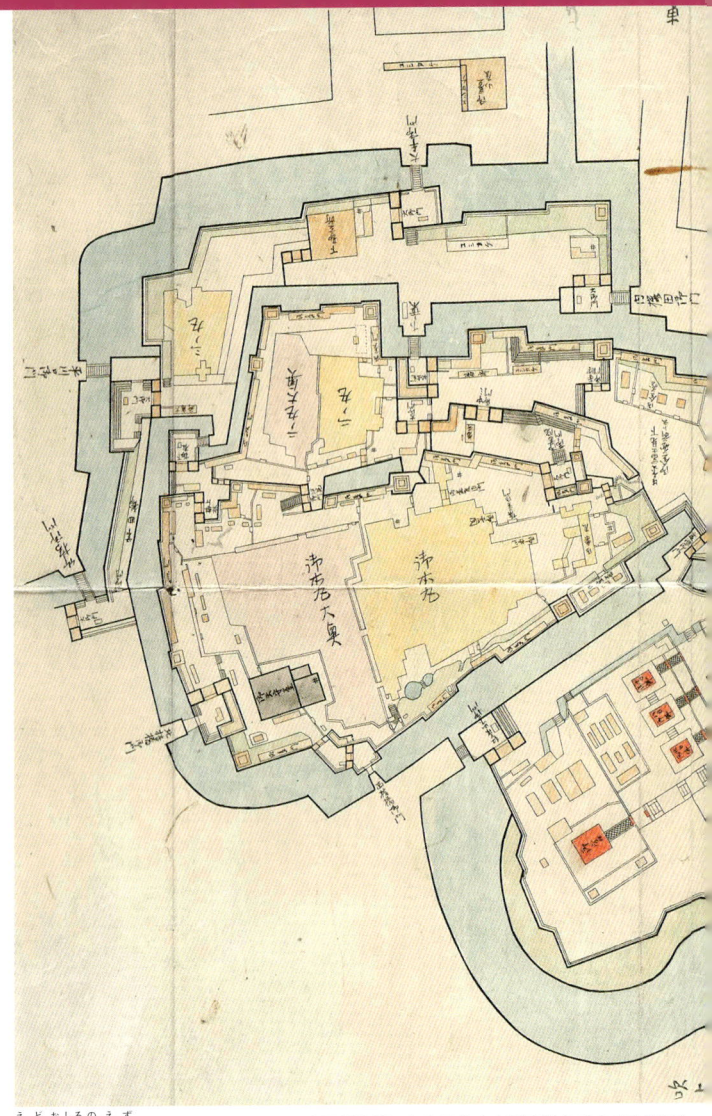

江戸御城之絵図（重要文化財江戸城造営関係資料：東京都立中央図書館特別文庫室所蔵）
堀、土手、表御殿、大奥御殿を4色に色分けした18世紀前半の吹上を除く内郭を描いた幕府

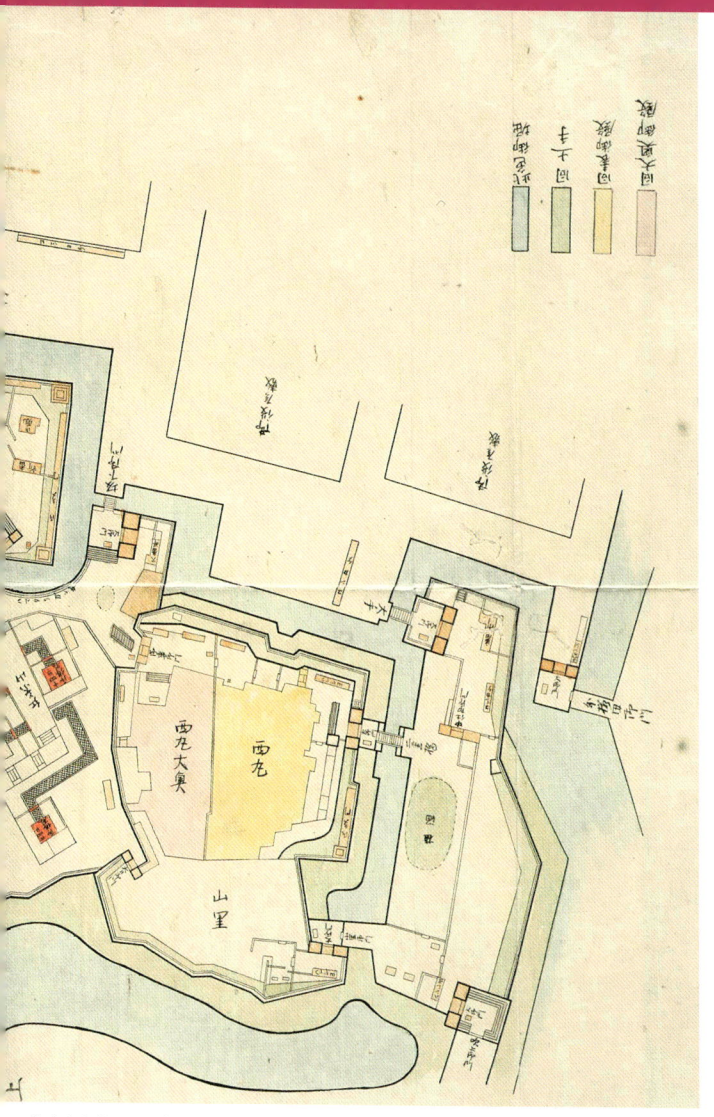

作事方大棟梁の甲良家旧蔵の図面。本丸、二之丸、西之丸にそれぞれ、表御殿と大奥が存在していたことが解る。また、西之丸紅葉山の巨大な霊廟群の配置までも克明に図示されている。

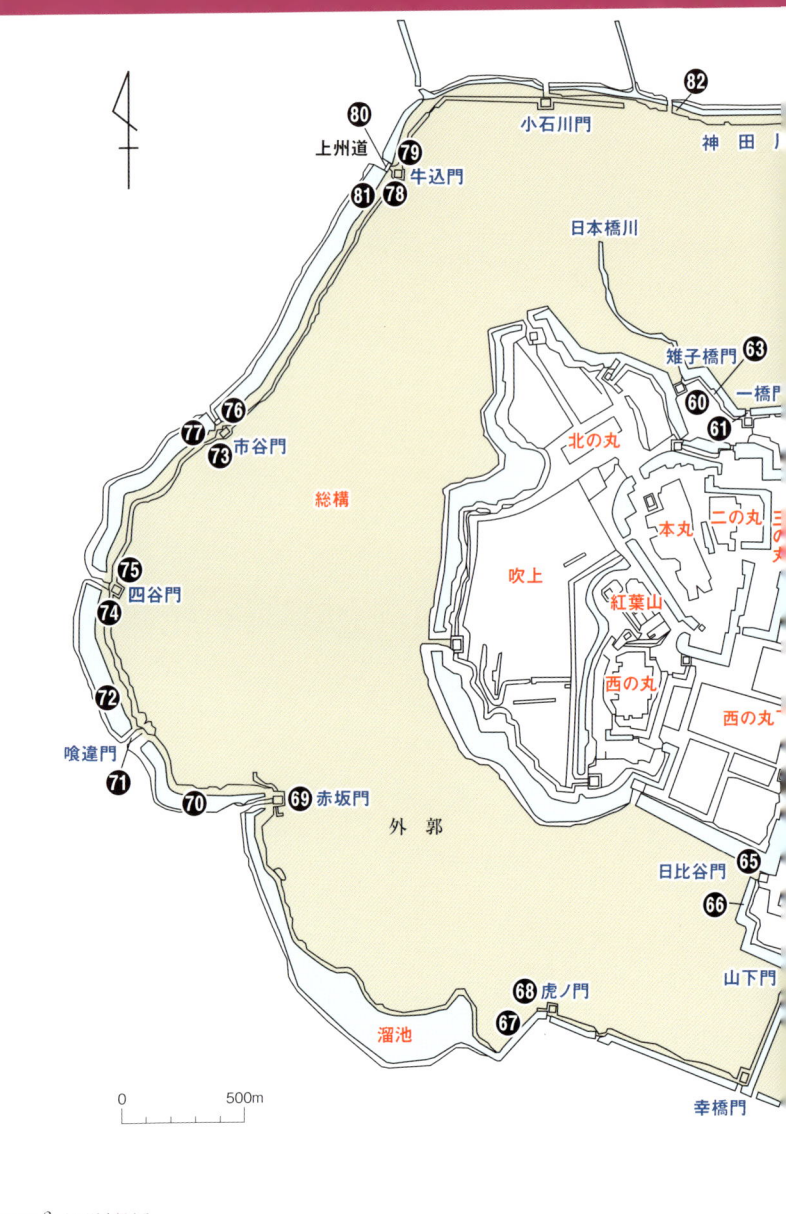

小石川門	
⑧⓪ 上州道	
⑦⑨ 牛込門	
⑧① ⑦⑧	
日本橋川	
雉子橋門 ⑥③	
⑥⓪ 一橋門	
⑥①	
北の丸	
⑦⑥	
⑦⑦ 市谷門	
⑦③	
総構	
本丸	二の丸
吹上	
⑦⑤	
⑦④ 四谷門	
紅葉山	
⑦②	
西の丸	西の丸
喰違門	
⑦①	
⑦⓪ ⑥⑨ 赤坂門	
外 郭	
日比谷門 ⑥⑤	
⑥⑥	
山下門	
⑥⑧ 虎ノ門	
⑥⑦	
溜池	
0 500m	
幸橋門	

中山道　　　　　　　　　　　　　　奥州道中

筋違門　　　　　　　　　　　　浅草門
　　　　　　　　　　　　　　　　❽❸

外　郭　　　　　　　　　総構

❻❷
　神田橋門
　　　　　　　　　　　　　　　　隅
　　❻❹ 常盤橋門　　　　　　　　田
　　　　　日本橋　　　　　　　　　川
　　　　呉服橋門

　　鍛冶橋門

　京橋

数寄屋橋門

芝口見附
❽❹

9

大手濠
三の丸
大手門 ❷
❸

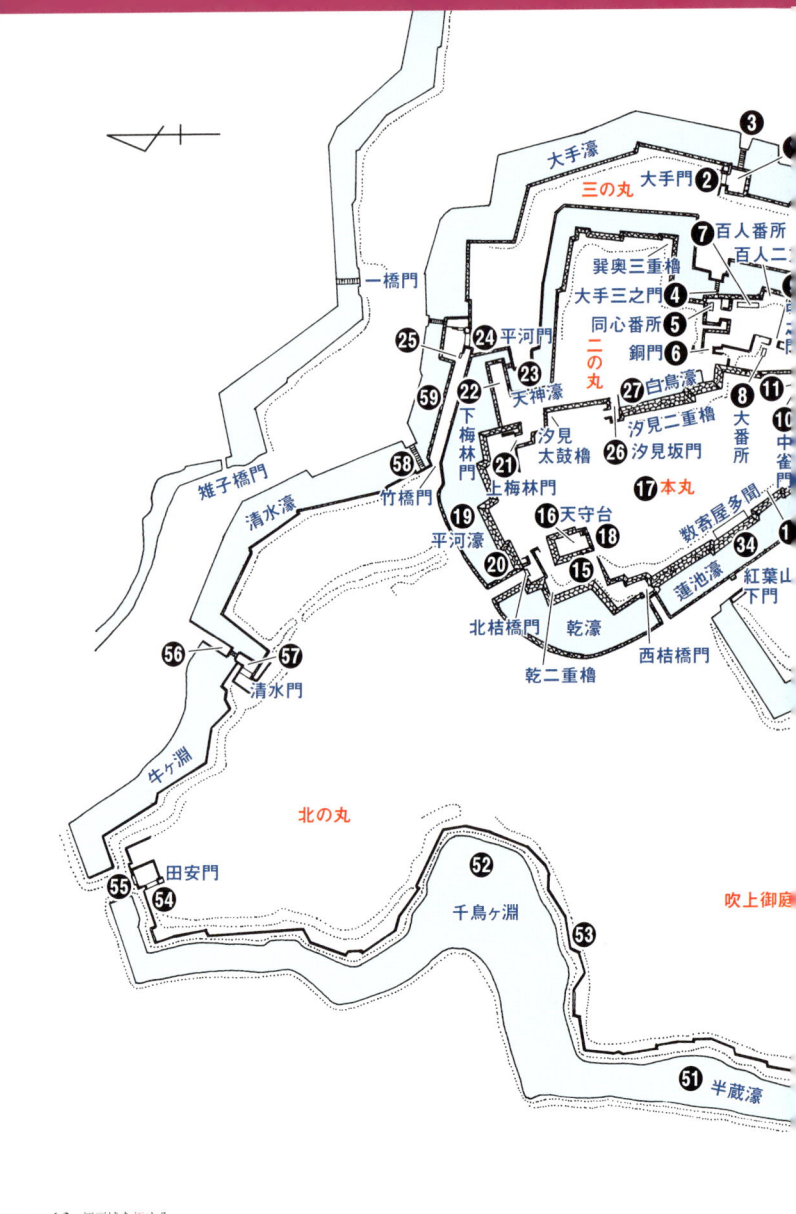

一橋門

百人番所
巽奥三重櫓
大手三之門 ❹
同心番所 ❺
銅門 ❻
二の丸
白鳥濠 ❽
汐見二重櫓
汐見坂門
大番所
❼ 百人二
❿
中雀門
❶❶

❷❺ ❷❹ 平河門
❷❸ 天神濠
❷❷ 下梅林門
❺❾
汐見太鼓櫓
❷❶ 上梅林門
❷❼
❷❻
❶❼ 本丸

雑子橋門
清水濠
❺❽ 竹橋門
❶❾ 平河濠
❷⓪
❶❻ 天守台
❶❺
❶❽
数寄屋多間
❶
❸❹
蓮池濠
紅葉山下門

北桔橋門
乾濠
乾二重櫓
西桔橋門

❺❻ ❺❼
清水門

牛ヶ淵

北の丸

❺❷
千鳥ヶ淵
❺❸

吹上御庭

❺❺
❺❹ 田安門

❺❶ 半蔵濠

10　江戸城を極める

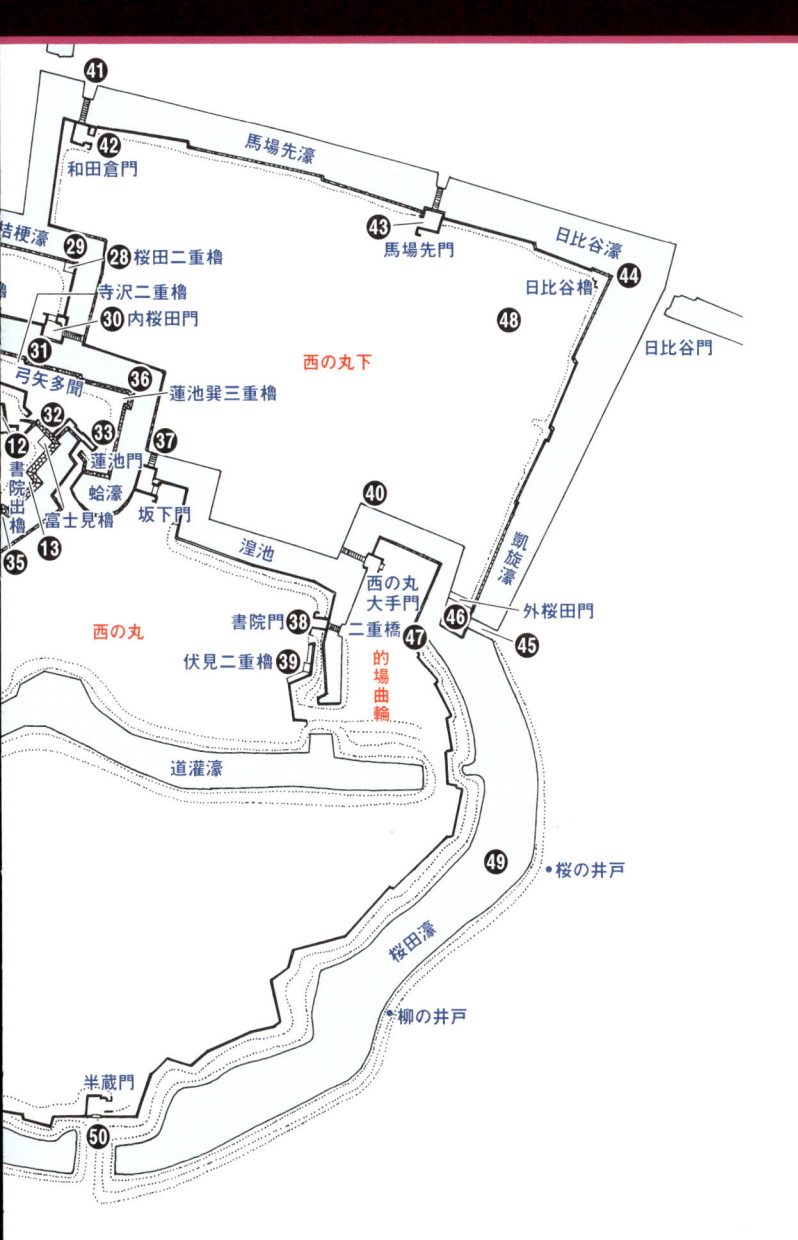

- ㊶
- ㊷ 和田倉門
- 馬場先濠
- ㉙ 桔梗濠
- ㉘ 桜田二重櫓
- 寺沢二重櫓
- ㉚ 内桜田門
- ㉛
- 弓矢多聞
- ㊱ 蓮池巽三重櫓
- 西の丸下
- ㊸ 馬場先門
- 日比谷濠
- 日比谷櫓
- ㊹
- ㊽
- 日比谷門
- ⑫
- ㉜ ㉝
- 書院出櫓
- 蓮池門 ㊲
- 蛤濠
- 富士見櫓
- 坂下門
- ㉟ ⑬
- 湟池
- ㊵
- 西の丸大手門
- 西の丸
- 書院門 ㊳
- 二重橋 ㊼
- 伏見二重櫓 ㊴
- 的場曲輪
- ㊻ 外桜田門
- ㊺
- 凱旋濠
- 道灌濠
- ㊾
- ・桜の井戸
- 桜田濠
- ・柳の井戸
- 半蔵門
- ㊿

大手門

おおてもん

❶大手門枡形を望む
枡形南側を切欠き東と南の二面が水堀に面す構造であるため、外枡形と理解される。明暦の大火後の万治2年(1659)に再築されたが、櫓門は昭和20年(1945)戦災で焼失。現在の門は、昭和42年、皇居外苑の表門として再建されたものである。

　江戸城に存在した門の数は、時代によって城内構造の変化があるため確実な数がはっきりしない。絵図や文献からは、本丸10、二の丸6、三の丸5、西の丸9、内曲輪15、外曲輪12の合計57ヵ所と考えられる。うち、大手門のように厳重な枡形門は39ヵ所に構えられていた。広大な規模を誇るため外枡形より内枡形が多いと思われがちだが、高低差の多い地形の関係か、ほぼ半数ずつとなっている。江戸城の外枡形は、完全な外枡形と言うより、片面のみ、または二辺が堀に面する折衷的な形式も多く認められる。また、櫓門1棟のみの門構えも多く見られる。

❷高麗門脇土塀の石狭間(笠石 銃 眼)
外側(上)と城内側(下)

江戸城には、徳川大坂城と同様に、石狭間(笠石銃眼)が多く見られる。土塀の下の石垣(天端石)を半月形に刳り抜いて鉄砲狭間としたもので、土塀を○△□に開けた通常の狭間と比べると、外から狭間と解らない。

旧大手一の門(渡櫓)の鯱

鯱は、通常屋根瓦と同様の瓦製鯱が多いが、松江城や丸岡城のように、木型の上に銅版を貼ることにより軽量化が図られた銅板製の鯱も見られる。我が国最高級の鯱は、名古屋城の黄金製の鯱であるが、これはあくまで例外的な存在で、高級鯱とは鋳造の青銅製鯱であった。江戸城の鯱は、ほとんどが青銅製である。本鯱は昭和20年(1945)戦災で焼失した旧大手一の門のもので「明暦三丁西」と刻まれ、明暦の大火(1657)で焼失した後の再建に際し製作されたと推定される。

❸旧大手門の鯱

大手三之門

おおてさんのもん

❹大手三之門を見る

かつては門の前に南北方向の堀が存在し（古写真1、2参照）二の丸と三の丸を分けていた。御三家以外の大名は、ここで駕籠を降りなければならなかったため、「下馬」の高札が立てられていた。そのため、下乗門とも呼ばれる。櫓門は、24間×5間と内郭最大の規模を誇り、唯一の三方多聞囲みの枡形である。奥の建物は同心番所で、当時は門前にも番所があった。

（古写真1）下乗橋から南側蓮池三重櫓方面を望む（『鹿鳴館秘蔵写真帖』より：一般社団法人霞会館所蔵）
内堀に沿って右から百人二重櫓、寺沢二重櫓、弓矢多聞、玉薬多聞、蓮池巽三重櫓。左端は、内桜田門（桔梗門）枡形。明治初期撮影。

(古写真2) **下乗橋番所付近から内堀北側奥を見る**
(東京国立博物館所蔵) © Image: TNM Image Archives

手前から、二の丸巽奥三重櫓、東多聞櫓、東三重櫓。右端は三の丸中仕切門。明治4年横山松三郎撮影。

二の丸東面塁線上に建つ櫓群

　二の丸東面の塁線は、入隅と出隅を繰り返して配置し横矢を掛ける「雁行」を繰り返す。特に、大手三之門付近は厳重で南には百人多聞櫓が接続し、百人二重櫓が三之門を扼していた。北側は、門前面の土橋に対し横矢を掛ける巽奥三重櫓が配されていた。長大な塁線には多聞櫓、入隅と出隅でできた突出部には二重櫓もしくは三重櫓が構えられ、本丸大手口は極めて強固な防備によって守られていたことが判明する。

　江戸城の櫓は二重櫓か三重櫓で、いずれも独立して建っていた。平櫓は存在せず、すべてが多聞櫓であった。写真に見られるような大型の三重櫓は本丸に5棟、二の丸に3棟の計8棟で、他は二重櫓となる。幕府系城郭で最も多く三重櫓を有していたのが大坂城で12棟、名古屋城と二条城にいたっては1棟しか存在せず、他はすべて二重櫓であった。

同心番所・銅門・百人番所

どうしんばんしょ・あかがねもん・ひゃくにんばんしょ

❺同心番所

同心番所は、大手三の丸を警護する与力、同心が詰めていた。同心とは、幕府の諸奉行・所司代・城代・大番頭などの配下に属し、与力の下で庶務・警備の仕事をしていた下級役人の総称。江戸後期の建物である。

❻二の丸より見た銅門跡

大手三之門と銅門は、枡形が東西に連結した配置で、三之門は、北向きで三の丸からの侵入を防いでいた。対して銅門は、東向きで大手三之門を通って、二の丸へと進む入口を押さえる門であった。22間×約3間で、「柱扉等悉く銅にて包むを以って名づく」と『観古図説』にある。

❼百人番所

三之門一の門（櫓門）を入った左手に位置する城内最大規模で、本丸・二の丸への最後の検問所。鉄砲百人組と呼ばれた根来組、伊賀組、甲賀組、25騎馬の4組が交代で詰めていた。各組とも与力20人、同心100人が配置され、昼夜問わず警護にあたっていた。

番所の役割

番所は、城内に建てられた建物の中でも極めて簡易的な建物で、武家諸法度の規制対象外の雑舎として無届で自由に増改築が可能であった。建物そのものは低級であったが、その役割は極めて重要で、無くてはならない施設の一つである。種類が多く、規模はまちまちではあったが、大部分が平屋建てとなり、内部に2～3

❽大番所入口石段

室が並立し、正面に土庇（土間の庇）を設けていた。従って、正面からは屋根の下に、さらに庇が付く独特の外観となり、誰もが一目で番所とわかった。番所の主な役割は城の管理と監視で、地味ではあるが城の運営面からは極めて有用な建物である。城門近くの番所は、門の開閉や出入りする者たちの監視・検問を行っていた。

中之門・中雀門

なかのもん・ちゅうじゃくもん

❾中之門を見る

大手三之門から鍵の手に折れた場所に位置する。本丸を取り囲むように設けられた石垣を開けて13間×4間の櫓門が構えられていた。石垣石材は、巨大な規格加工石材を使用し、到来する大名を威圧していた。元禄16年（1703）の大地震後に鳥取池田藩が修復したことが判明している。内部の建物は大番所。

（古写真3）本丸中之門を見る（東京国立博物館所蔵）
© Image: TNM Image Archives

本丸入口に位置する櫓門。櫓門の規模は、13間×4間と大型で、門部分は全て筋金が張られ、左右に脇扉が見られる。二階窓は、突上戸が採用されていた。南側は土塀、多聞櫓が接続。背後に見える櫓は、中雀門枡形脇に位置する書院出櫓。明治4年横山松三郎の撮影。

❿ 中雀門（書院門）跡
大手門から本丸へと入る最後の門。枡形虎口で、南北方向の二之門を入って右に折れて東西方向に櫓門、南西隅に書院二重櫓、南東隅に書院出櫓が配されていた。櫓門と二重櫓の間には多聞櫓が配され、極めて厳重な構造をしていた。

⓫ 中雀門の礎石
石垣の左右に各3石ずつの臍穴(はぞあな)が開いた礎石が残る。礎石側面の石垣は表面が黒く焼けこげ、ひび割れて無残な姿である。これは、明暦3年（1657）の大火で焼失した天守台の石材を再利用したためである。門があった当時は、構造物によって隠れ、無残な石垣は見えなかったはずである。

書院出櫓・石室・松之大廊下
しょいんでやぐら・いしむろ・まつのおおろうか

⑫ 書院出二重櫓台

中雀門（書院門）枡形の入口左側に位置する二重櫓。一・二階同大の重箱櫓で、門入口に横矢を掛けていた。櫓の下には新門が配され、下埋門（したうずみもん）を経由して、蓮池門へと続いていた。

⑬ 石室跡

完全加工された伊豆石（安山岩）で、隙間なく積まれ、約20㎡の規模を持つ。大奥御主殿、御納戸（おなんど）の脇に位置するため、非常時の大奥の調度品、文書類、貴重品を納めた富士見御宝蔵（ごほうぞう）の跡と考えられている。

⓮ 松之大廊下跡

　大広間と白書院を繋ぐ「松之廊下」は、L字に折れ50m以上も続く長大な廊下であった。白書院の桜溜へ向う東側は、広い中庭に面す。現在石碑のみであるが、蓮池濠に面した本丸の西端に位置することが解る。

「松之廊下」障壁画の下絵（東京国立博物館所蔵）　　　　© Image: TNM Image Archives

　「殿中刃傷」で有名となったため、その名から巨大な松の絵が想像されていたが、実際は浜辺の松原に群れ飛ぶ千鳥を描き、金雲が漂う穏やかな風景であった。この下絵は、障壁画制作を命じられた狩野晴川院らが描いたもので、松之廊下は弘化2年（1845）の本丸御殿造営時のものである。

天守台
てんしゅだい

⓯ 天守台

現在残る天守台は、明暦の大火（1657）によって焼失した翌年、加賀前田家によって築き直されたもので、高さ11m、瀬戸内海の大島産の白い花崗岩を使用した切込接積み。再建予定であったが、保科正之の提言により4度目の天守は断念することになる。

天守台の構造

天守台は、穴蔵構造で小天守台から入る構造となる。本丸から石段を上ると、中仕切りの石垣が配され、Uターンをするように迂回し、穴蔵への入口へと続いていた。穴蔵に入るまで、都合4回の直角の折れを入れる構造である。穴蔵は三方の左右に2ヵ所の石段が配されており、合計で6ヵ所設けられていたが、現在は南東隅部分を残し埋められている。穴蔵内部の石垣は、黒味かかった伊豆石が使用されており、外面の白い御影石とは赴きを異にする。穴蔵内部と小天守台に用いられている伊豆石は、寛永度天守台の石材を再利用したものであろう。

⓰ 天守台穴蔵

郵 便 は が き

| お手数ながら切手をお貼り下さい |

５２２−０００４

滋賀県彦根市鳥居本町 655-1

サンライズ出版 行

〒
■ご住所

■お名前（ふりがな）　　　　　　■年齢　　　歳　男・女

■お電話　　　　　　　　　　　　■ご職業

■自費出版資料を　　　　　　希望する ・ 希望しない

■図書目録の送付を　　　　　　希望する ・ 希望しない

サンライズ出版では、お客様のご了解を得た上で、ご記入いただいた個人情報を、今後の出版企画の参考にさせていただくとともに、愛読者名簿に登録させていただいております。名簿は、当社の刊行物、企画、催しなどのご案内のために利用し、その他の目的では一切利用いたしません（上記業務の一部を外部に委託する場合があります）。

【個人情報の取り扱いおよび開示等に関するお問い合わせ先】
サンライズ出版 編集部　TEL.0749-22-0627

■愛読者名簿に登録してよろしいですか。　□はい　□いいえ

ご記入がないものは「いいえ」として扱わせていただきます。

愛読者カード

ご購読ありがとうございました。今後の出版企画の参考にさせていただきますので、ぜひご意見をお聞かせください。なお、お答えいただきましたデータは出版企画の資料以外には使用いたしません。

●書名

●お買い求めの書店名(所在地)

●本書をお求めになった動機に○印をお付けください。
1. 書店でみて　2. 広告をみて(新聞・雑誌名　　　　　　　　)
3. 書評をみて(新聞・雑誌名　　　　　　　　　　　　　　　)
4. 新刊案内をみて　5. 当社ホームページをみて
6. その他(　　　　　　　　　　　　　　　　　　　　　　　)

●本書についてのご意見・ご感想

購入申込書	小社へ直接ご注文の際ご利用ください。お買上 2,000 円以上は送料無料です。		
書名		(	冊)
書名		(	冊)
書名		(	冊)

三度建てられた天守

 「江戸図屏風」は、明暦の大火で焼失する前の江戸を描いたと考えられている。天守は、慶長・元和・寛永と将軍交替の度に築き直されており、その都度姿形が変わったようである。家康の築いた慶長天守は、白亜の白漆喰総塗込で、本丸中央に位置していた。秀忠の元和度天守は、天守を北寄りに移して造営された。屏風の天守は寛永度天守で、寛永14〜15年（1637〜38）家光によって建て替えられたものになる。本丸の西北、北桔橋門内（現在地）に移り、その規模は初重18×16間、高さ約200尺（60m）で日本史上最大の天守となった。屋根は銅瓦葺き、壁は黒塗りの銅板張り。平側四重目に唐破風付出窓、三重目に比翼千鳥破風、二重目に千鳥破風が配されている。現在残る天守台は、東西約41m、南北約45m、高さ11mである。本丸敷地は全体的に2〜3m嵩上げされており、本来の天守台の高さは14mであった。

「江戸図屏風」部分（国立歴史民俗博物館所蔵）

本丸・北桔橋門
ほんまる・きたはねばしもん

❶⓻ 天守台より見た本丸御殿
本丸には隙間無く御殿建築が建ち並んでいた。手前から大奥・奥（中奥）・表御殿の3区画で構成。周囲は隅櫓と多聞櫓によって取り囲まれていた。数度の焼失、再建を繰り返したが、文久3年（1863）の火災で焼失後再建されることはなかった。

❶⓼ 小天守台の金明水井戸
籠城用井戸と伝わる。享保年間（1716〜35）には、小天守台内側に位置していた。その後、数度に亘る本丸御殿の火災焼失の影響で、小天守台の石垣が積み替えられたため、現在の場所に位置することとなった。

❶❾ 北桔橋門を望む

　天守台背後に位置する枡形門で、現在枡形を構成していた石垣も全て撤去され、高麗門を入ると天守台が見える。写真手前石垣上に五十三間多聞、その左端の出隅部分に梅林二重櫓が配され、櫓間は多聞と土塀で繋ぎ、門と共に本丸北側を扼していた。

❷⓪ 北桔橋門手前からの堀

　現在、コンクリート橋が架橋されているが、かつては木橋で有事に際し内側へ跳ね上がる構造であった。幅そのものは決して広くは無いが、大奥から直接外に通じる橋であったため、堀は深く堅牢な石垣で固めていた。本丸北面の石垣は、出隅・入隅を連続させた屏風折れで、延長約550mも続き、重厚で威圧感を醸し出している。

上梅林門・下梅林門・天神濠
かみばいりんもん・しもばいりんもん・てんじんぼり

㉑上梅林門跡

本丸と二の丸を結ぶ坂が梅林坂で、周囲に梅林があったため名づけられたと言う。往時は階段で、手前に仕切り門、奥に上梅林門（櫓門）があった。大奥に一番近い門で、東下に下梅林門が配されていた。寛永4年（1627）稲葉正勝が築いたという。

（古写真4）本丸上梅林門
（江戸東京博物館所蔵）

後方櫓門が上梅林門、その規模17間×4間と巨大な櫓門であった。下側二の丸との間には、かなりの高低差が存在する。櫓門の手前が二の丸喰違門、手前が二の丸番所。左の高石垣上には二重の汐見太鼓櫓があったが、幕末に焼失している。石垣（地上高さ約11m）内に、瓦破片が約8m弱の厚さで充填されていたことが確認された。明治4年横山松三郎撮影。

©Image:東京都歴史文化財団イメージアーカイブ

㉒ 西より見た下梅林門跡

平川門を通って、三の丸の北端から二之丸へと入る桔橋（はねばし）（現在は土橋）の先に突出する枡形が下梅林門で、一之門（櫓門）と二之門の石垣のみ残されている。二之門の隅角部は、長大な花崗岩を使用。櫓門の隅角は石に化粧が施され、礎石も残りその規模が判明する。

㉓ 天神濠と二の丸石垣

二の丸を取り巻く二の丸濠の最北端に位置し、東西 200 m、北に折れて 60 m 残るのが天神濠で、唯一の二の丸濠の残存遺構である。現在は埋め立てられてしまったが、往時は北側の平川濠から南側の蛤濠と接続する二の丸東側の防御のための重要な堀であった。

平川門・汐見坂・白鳥濠

ひらかわもん・しおみざか・はくちょうぼり

㉔ 平川門櫓門

平川門は江戸城の裏門、大奥にも近く、大奥女中達の出入りする通用門で、御三卿（清水・一橋・田安）の登城口でもあった。不浄門とも呼ばれ、城内の糞尿、死体、罪人を城外へ出す役割も担っていた。二之門（高麗門）が、橋に対し正対せず、橋と同一方向を向く特異な門で、三方が堀に囲まれている。

㉕ 帯曲輪門を見る

19間×4間の平川門一之門（櫓門）の北西脇に位置する門で、門を抜けると土橋状の曲輪が竹橋門枡形まで伸びている（写真�59）。享保年間の絵図には、この門は無く櫓門から堀への石段が見られる。江島と浅野内匠頭は、ここから船に乗って城外へと出されたのであろう。

㉖ 汐見坂と汐見二重櫓跡

　右端の石垣上に汐見多聞、その奥に明暦の大火後に新設された汐見坂門が位置する。汐見坂を上って、門を抜けると本丸大奥の入口の御広敷門へと至る。正面が汐見二重櫓跡で、汐見坂門と共に文久3年（1863）の火災で、本丸御殿と共に焼失した。

㉗ 汐見坂より見た白鳥濠

　本丸東側で唯一現存する堀。石垣の勾配は緩く、打込接（うちこみはぎ）で数少ない家康築城の慶長期の石垣である。右側石垣上には銅多聞、出隅部分には台所前三重櫓が配されていた。家光時代には、堀の中に能舞台があったと言う。

桜田二重櫓・内桜田門
さくらだにじゅうやぐら・うちさくらだもん

❷⑧ 桜田二重櫓

二の丸南東隅に位置し巽櫓とも呼ばれる。現存する重層櫓3基（富士見櫓・伏見櫓）の内の1基。初重は6間×7間半。櫓の内部には、有事に備えて鉄砲・弓・長柄・持筒などが保管されていたという。関東大震災で大破したが、昭和2年（1927）頃再建された。

江戸城諸櫓の意匠

江戸城の諸櫓は、全てが層塔型で、一階中央部に出窓を設け、各階の窓の上下に長押形を造り出すのが定型であった。破風の形は、切妻・入母屋・唐破風と櫓によって異なり、単調となることを防いでいた。最も多く用いられたのが桜田二重櫓にも採用された切妻出窓で、妻壁は銅板張を採用し、青海波文様が施されている。江戸城に用いられた櫓の意匠は、大坂城や二条城にも採用され、幕府系城郭の共通する特色となっている。

❷⑨ 桜田二重櫓破風

##　㉚内桜田門枡形を見る

　三の丸南西隅に位置し、三方が堀に面する特異な門。高麗門を入り、右折れすると櫓門へと至る。太田道灌の泊船亭(はくせんてい)がここにあったと伝えられ、その門の瓦に道灌の家紋・桔梗紋(ききょうもん)が使用されていたとの伝承から桔梗門とも言う。現在は、勤労奉仕・一般参観の出入口である。

##　㉛蛤濠(はまぐりぼり)と御弓多聞櫓跡

　内桜田門西側の石垣。枡形との間に内堀が配され、正面には弓矢多聞、出隅となる角地に寺沢二重櫓を配し、堀越しに枡形に横矢を掛けていた。そのため、堀に面す西と北側に構造物は建てられていなかった。侵入した敵兵を堀に追い落とすための工夫でもある。

富士見櫓・数寄屋多間

ふじみやぐら・すきやたもん

㉜ 富士見櫓南東面と石垣

唯一の現存三重櫓で、天守焼失後の代用であった。ここから品川の海や富士山を見たと言う。八方正面の櫓で、優美な外観である。ここの石垣普請は、加藤清正が担当したと言われ、打込接で、慶長期の特徴を示す。現在の石垣高約15mであるが、西側下まで伸びていた蓮池濠が埋め立てられたためで、基部は数m埋められている。

㉝ 蓮池門跡

西の丸から本丸へと入る正面に位置。門手前は土橋となり、門が土橋に正対せず、同一方向を向いていたため、鍵の手に折れて入る構造であった。そのため、門前面の空間は極めて狭かった。現在は、埋め立てられ門の形跡を示す石垣の一部のみ頭を覗かせている。明治期に名古屋城正門として移築されたが、戦災により焼失した。

㉞ 御休息所前多聞
　蓮池濠に面した本丸西面約20mの高石垣上に残る多聞櫓で、本丸に存在した15基の多聞の中で唯一の現存櫓である。富士見多聞とも呼ばれる。かつては南に数寄屋多聞、数奇屋二重櫓が連続していた。

㉟ 南より見た蓮池濠
　蓮池濠に面した本丸南西面の高石垣は、下埋門から西桔橋門まで約450mの長さを誇る。この間に、出隅6、入隅5ヵ所の折れを入れ、横矢枡形を呈す箇所もある。折れを入れることで石垣も強化された。全体的に第一次天下普請時の石垣を残している。

蓮池巽三重櫓・坂下門・書院門 はすいけたつみさんじゅうやぐら・さかしたもん・しょいんもん

❸❻ 蓮池巽三重櫓跡

ほぼ古写真5と同位置より見る。三重櫓台の隅角は、完成した算木積、中央部は打込接となる。蓮池巽三重櫓は、初重7間×6間で、南側と東側に切妻出窓、最上階東側の三重目屋根に軒唐破風、各階窓の上下に長押が配されていた。明治3年（1870）の火災で焼失した。

（古写真5）坂下門手前付近から北方面を望む（日本大学芸術学部写真学科蔵）

左より二の丸蓮池巽三重櫓、玉薬多聞、その奥に突出して御弓多聞、寺沢二重櫓、大手三之門枡形多聞、最奥が巽奥三重櫓。右にわずかに見えるのが内桜田門枡形。明治初期、ベアト撮影。

㊲ 坂下門と蛤濠

東より望んだ景観で、手前の石垣は蓮池巽三重櫓台。坂下門は、明治18年（1885）に高麗門が撤去され、同20年に渡櫓門のみが角度を90度変え、東を向いて建て直された。現在は宮内庁通用門となっており警備は厳重で土橋にすら入れない。写真の蛤濠がかつては、写真23の天神濠と接続していた。

㊳ 南より見た西の丸書院門跡

西の丸御殿の正門で、22間×4間と超巨大な櫓門である。門の左右には土塀が続き、西側は現存する多聞櫓と伏見二重櫓に接続する。現在、櫓門の石垣が残るが、明治6年（1873）焼失後に構築された石垣と考えられる。

伏見二重櫓・二重橋
ふしみにじゅうやぐら・にじゅうばし

㊟ 伏見二重櫓と多聞櫓

伏見城からの移築とも伝わるが定かではない。二重櫓を中心に、手前に十四間多聞櫓、直角に折れて十六間多聞櫓が接続する。関東大震災で大破し、修復中に地下から16体もの人骨が確認されている。人柱とも言われるが、その数の多さから築城以前の墓地が出てきたとするのが妥当であろう。

（古写真6）西の丸下から西の丸大手門と書院門（右）・多聞櫓・伏見二重櫓を望む（横浜開港資料館所蔵）

手前西の丸大手門、奥の書院門に架かる橋共に往時は木橋であった。書院門枡形の高麗門はすでに撤去され、22間×4間の城内最大級の櫓門のみが建っている。この門は、明治6年（1873）焼失撤去されたが、後方の多聞櫓と伏見二重櫓は現存している。

❹⓪ 夕暮れの正門と伏見二重櫓

　皇居外苑から皇居正門と石橋、伏見二重櫓を俯瞰するのが、東京の観光名所の一つとなっている。左側正門は、西の丸大手門で、往時は手前に高麗門後方に平行する形で櫓門が配されていた。

　二重橋は、皇居外苑と皇居を結ぶ眼鏡状の石橋と思われがちだが、その奥にある鉄橋が本来の二重橋になる。二重橋は、書院門の手前に位置し、高石垣上に架橋されたため、橋桁を上下二重にして高くする構造を呈していたため呼ばれた名称である。往時は、手前の石橋も木橋で、西の丸大手門枡形を経由し、さらに中仕切門を経て、二重橋を渡り、書院門を通ると御殿が位置していた。現在架橋されている手前の眼鏡状石橋は明治20年(1887)、奥の鉄橋は翌21年に架け替えられたものである。

和田倉門・馬場先門

わだくらもん・ばばさきもん

❹ 和田倉橋と和田倉門枡形

西の丸下北東隅に位置する枡形門。家康が江戸入府当時に、ここを蔵地とし、2棟の和田蔵を置いたためこの名があると伝わる。橋は戦後復興だが、従来通り木橋とし擬宝珠(ぎぼし)も実物を使用。明治天皇の江戸入城も、この門から入っている。

❷ 和田倉門櫓門跡

和田倉橋を渡った正面に二之門(高麗門)、左手に折れて一之門(櫓門)が配されていた。門内には鉄砲10挺、弓5張、長柄10筋、持筒2挺、持弓1組を常備。警備は、2〜3万石の譜代大名が担当した。関東大震災で大破し、翌年の地震で崩れ撤去された。

㊸ 馬場先門枡形北側石垣

西の丸正門の正面に位置し、不開御門(あかずごもん)と呼ばれた。明暦の大火後防災上の理由で開放。道路拡張により枡形は消滅、わずかに両側に枡形の痕跡をとどめる低石垣が見られる。三代家光が、ここで朝鮮曲馬(きょくば)を見たことから、馬場先と呼ばれるようになったと伝わる。

㊹ 西の丸下日比谷濠

西の丸下東辺を取り囲む凹型の堀は、幅約80〜50mで、和田倉橋のみ木橋で架橋、他は土橋であった。このあたりは、江戸前島の海岸で、石垣を築き直線とし、堀幅の分だけ埋め残したと言われる。

外桜田門
そとさくらだもん

㊺ 外桜田門（重要文化財）枡形を見る

小田原街道の基点であったため、小田原口と言われた。高麗門の主柱両脇に、立石が配されている。万延元年（1860）この門の土橋の外60mの地点（井伊家屋敷からは、約300m）で井伊直弼が暗殺される、世に言う桜田門外の変が起こった。

㊻ 外桜田門一之門（櫓門）

枡形は東西60m×南北40mで、南西端が桜田濠に突出する。これは、西側から北側に逆L字に廻る堀を隠すためである。枡形に入ると、9間×4間の櫓門が関門となり、対岸的曲輪から一斉射撃を受ける構造であった。

❹ 的場曲輪の石垣との接点

桜田門北側対岸の的場曲輪が、総石垣と鉢巻石垣の分岐点となる。鉢巻石垣は時計回りに吹上曲輪、北の丸を廻り清水門まで連続していた。清水門から、ここまでが総石垣の主要部であったことをも示している。

❽ 楠木正成像

西の丸下は、主に老中や若年寄などの譜代大名の屋敷地であった。現在中央部に「楠木正成」像が立ち、シンボルとなっている。この像は、住友家が所有する別子銅山開発200周年を記念して作り、明治23年(1900)に設置された。

吹上周辺（ふきあげしゅうへん）

❹⁹西より桜田濠、外桜田門を見る

桜田濠は、もともと沢筋にあたり半蔵門付近から谷が入る地形であった。そのため、元の地形を生かしつつ堀を設けたことで、幅広の深い水堀が完成。付近には彦根藩井伊家の屋敷地があった。また、加藤清正が掘ったと伝わり、名水と呼ばれた「桜の井戸」も残る。

　現在「吹上」には、吹上大宮御所（昭和天皇の御所）、現在の天皇・皇后の御所、宮中三殿などがある。江戸築城以前は16の寺院があったという。明暦の大火までは御三家の屋敷地があったが、大火後に城下から城への類焼を防ぐ火除け地とするため、屋敷を郭外へ移転し、吹上御庭として整備されている。庭には、瀧見御茶屋・紅葉御茶屋・新茶屋などの御茶屋、鳩御腰掛・煉土御腰掛・梅御腰掛などの腰掛、元馬場馬見所・新馬場馬見所の馬見所及び吹上奉行が置かれるなど、宝永7年（1710）に一応の完成を見た。

㊿ 半蔵門を望む

門前は深い堀で、土橋によって桜田濠と半蔵濠に区画される。門前に服部半蔵の伊賀組屋敷があったためこの名がある。門は、第二次大戦で焼失し、枡形も消滅した。現在見られる高麗門は、和田倉門の部材を利用して作られたものである。

51 東北より半蔵濠を望む

半蔵濠周辺は、鉢巻石垣が観察しやすい。高低差があるため、上部と下部のみ石垣が使用されている。石垣は、規格加工石材が使用され下部より上部の石材が小さくなる。折れを多用し、石垣上には土塀が設けられていた。

北の丸 きたのまる

❺❷ 北の丸と吹上の境を望む

築城以前から巨大な池があり、それを取り込み堀としたため、堀幅は約180mと城内最大規模である。池の形が千鳥のようだったので千鳥ヶ淵と呼ばれる。現在土橋によって吹上と接続するが、往時は半蔵濠と千鳥ヶ淵は接続していた。

高射砲の再利用

千鳥ヶ淵に面して、円形の風変わりなベンチが合計7基見られる。これは、皇居を守るために築かれた高射砲の台座の再利用である。上に蓋を設け穴を塞ぎ、円形ベンチにしたてたものである。大きさは、前部円柱形二段で、上部径130cm、下部径230cmを測る。空襲から皇居の空を守る旧陸軍高射第一師団は、昭和19年（1944）本土決戦準備のため臨時編成された。ここに残る台座は、98式高射機関砲のもので、当時最新式であった。しかし、直線射程距離は約1kmと短く、上空1万mを飛行するB29に届くはずも無かった。この高射砲は、天守台にも設けられていた。

❺❸ 高射砲の台座跡を利用したベンチ

㊾ 城内より見た田安門一之門（櫓門＝重要文化財）

　北の丸北端に位置する枡形門。関東大震災により上部が大破したが、日本武道館建設を機に修復・復元された。19間×4間の規模で、枡形を潜ると直線道路で東西に二分され、東が清水家、西が田安家の屋敷であった。

㊿ 田安門二之門（高麗門＝重要文化財）

　元和6年（1620）改修後、明暦の大火、関東大震災でも焼失しなかった。新式の高麗門で冠木に直接屋根を載せず、束を立て壁を設けて屋根が左右の土塀より一段高くなっている。江戸城は、全てこの形式である。

❺❻ 土橋より見た清水門枡形

　土橋の左側の堀（清水濠）が奥深く入るのを利用した外枡形で、前面土橋は、堀に沿って50mと長い。対岸の曲輪は、枡形に平行するようにL字を呈す。これは、枡形に殺到する敵に対し効果的に横矢を掛けるためである。

❺❼ 清水門枡形（重要文化財）を見る

　牛ヶ淵と清水濠が接する所に位置。門前面は両堀の水位が違うため土橋とし、下に水位調節の水落しが設けられていた。清水濠に面して土塀が無く、侵入した敵に対して二方向からの攻撃で、堀に落とす戦略であった。

❺❽ 竹橋門跡の石垣

　本丸背後の北の丸南東隅に位置する枡形門。元和6年(1620)伊達政宗らによって普請された。竹橋は、清水濠と平河濠の合流点に架けられた橋で、竹製の橋が最初に架けられたためこの名があると伝わる。写真は、櫓門東面の石垣で、右側に多聞櫓が続き、内部に鉄砲蔵があった。

❺❾ 竹橋より平川門方面を望む

　右端の石垣は、竹橋門枡形南東隅から東の平河門まで約150mに渡って伸びる帯曲輪の石垣。帯曲輪は、堀を二分するように築かれた細長い堤状を呈しており、本丸背面の防御強化、東西の堀の水位調整のためと言われている。

外濠 雉子橋から大名小路 そとぼり きじばしからだいみょうこうじ

⑥⓪ 雉子橋付近の石垣

竹橋から約200m北に位置する門が雉子橋門で、明治6年（1873）に撤去された。旧平川の流路をたどった外濠の城門はここで終わり、濠はこの先の堀留橋まで通じていた。写真は、雉子橋付近の外堀石垣。

⑥① 対岸より見た一橋門枡形石垣

雉子橋門と一橋門は、清水濠と平川に挟まれた形で設けられていた。雉橋と同時に門は撤去されたが、枡形内の櫓台の石垣がわずかに残る。この付近は、外堀と本丸が近いため、防備上の観点から枡形門が連続する。

㉒ 錦橋から続く外堀石垣
　錦橋は、関東大震災後に架設された橋で、神田橋の上流約 400m に位置する。江戸期には、多くの大名屋敷が建てられていた。川に沿って外堀石垣が残るが、首都高速道路が覆いつくし景観を阻んでいる。

㉓ 一橋と雉子橋間の外堀石垣
　往時の外堀は、雉子橋を過ぎると急激に幅を狭めていた。常盤橋(ときわばし)から続く外堀は、鍵の手に折れ、随所に石垣を突出させ横矢を掛ける構造であった。日本橋川に沿って続いた石垣は、雉子橋で途切れてしまう。

㉔対岸より見た常盤橋門枡形
明治10年（1877）、常盤橋門の石を利用し木橋から石橋に架け替えられた。橋の正面の幕府金座は、明治時代日本銀行となった。現在も、枡形の石垣の一部が残るが、上を首都高速が走り江戸と現代が混在する。かつて門内に北町奉行所が置かれていた。

（古写真7）常盤橋門（松戸市戸定歴史館所蔵）
外堀に沿って造られた外郭門の一つ。この門を出ると浅草に通じるため、浅草口橋と呼ばれていたが、家光の代に常盤橋に改名。手前に高麗門、奥の櫓門は20間×4間の規模であった。明治6年（1873）に撤去。明治初期、内田九一撮影。

(65) 日比谷見附櫓門石垣

現在日比谷濠がＬ字に折れて、南側に日比谷公園が広がっているが、かつては鍵の手に折れる堀が南へと伸びていた。門は、土橋上に西向きに高麗門、その東側南面に15間×4間の櫓門が配されていた。枡形正面は、土手が設けられていた。写真は、櫓門西側の石垣。

(66) 北西から見た日比谷見附南側の石垣

日比谷門枡形櫓門から堀に沿って続く東側の石垣で、日比谷濠屈曲部から40m西に位置する。現在池となっている箇所に往時は堀が存在していた。石垣は、現況で高さ約8m、石材も大振りの加工石材が使用され、横目地が通るように積まれている。

外濠 溜池から浅草見附 そとぼり ためいけからあさくさみつけ

❻❼ 溜池櫓台の石垣(国指定史跡)
　江戸城外堀の隅櫓は、溜池櫓の他に筋違橋門と浅草橋門の三ヵ所に存在していたが、唯一この石垣だけが現存。寛永13年(1636)鳥取藩主池田光仲によって構築された。本来の高さは、9m前後と推定される。

　寛永13年(1636)江戸築城の総仕上げとして、城下町を取り囲むように外堀(惣構)が天下普請によって配置された。現在の千代田区の外周を廻るように、城の東方の雉子橋門から時計回りに一橋門、神田橋門、常盤橋門を経て、数寄屋橋門、虎ノ門に至り、溜池門を介して赤坂門から四谷門、牛込門、さらに小石川橋付近で神田川に合流して、御茶ノ水を通り浅草橋門を通り隅田川に合流する総延長約14kmに及ぶ日本最大の城郭外堀である。出入口には総石垣の枡形門(見附と総称)を配し、防御を固めていた。最終的には、石川島から反時計回りに浜御殿まで水路が繋がる構造であった。現在は、埋め立てや改変を受けてしまったが、常磐橋や虎ノ門周辺に石垣が残り、牛込門から赤坂門までの西方の堀・土手・城門石垣などが保存され、国史跡となっている。

❻❽ 文部科学省の展示石垣

合同庁舎整備に伴う発掘調査で検出された、虎ノ門に続く外堀に沿って築かれた約9mの石垣の一部。敷地内3ヵ所で公開し、外堀の位置が点線で示されている。写真の石垣は長さ33.5m、高さ4.5mの石垣の一部。

❻❾ 赤坂御門枡形前面石垣

寛永13年(1636)福岡藩主黒田忠之が石垣を構築、同16年普請奉行の加藤正直・小川安則が門を完成させた。平成3年(1991)地下鉄7号線建設に伴う発掘調査により、地中石垣が確認され、現状下に保存されている。写真右の石垣の角が切れているのは、垂直の柱に合わせて切り欠いたためである。

❼⓪ 北東より、弁慶堀を見る
　赤坂御門から喰違見附跡にかけて往時の姿を留める外堀。ここのみ内側へ入り込んでいるのは、築状当初から湿地帯で、大規模な造成工事を伴うため、費用対効果の面から地形を残す判断が下されたためである。

❼① 北より見た外堀をまたぐ喰違跡
　二つの谷に挟まれた、外堀最高所に位置する。慶長17年（1612）甲州流兵学者の小幡景憲の手によったと伝わる。石垣を用いず、土塁を鍵の手に折れさせ直進を阻む構造であった。今も、往時の様子を良く伝えている。

㊐ 喰違跡より真田濠跡を見る

喰違の左右には外堀が広がっており、赤坂方面を真田濠と呼ぶ。現在は埋め立てられグランドとなっているが、往時は深さ約15m、幅は約110mと巨大な規模であった。野球場の数を見れば、その広さが実感されよう。

発掘された外堀石垣

　平成元年（1989）から7年まで、地下鉄南北線の埋蔵文化財調査は、港区・千代田区・新宿区・文京区にまたがる14地点で実施された。外堀の門・土橋・石垣・土手等様々な遺構を確認、また数多くの遺物が出土し、江戸時代の城と街の様子が判明した。このコーナーは、発掘成果と文献・絵図・絵画資料などを参考に、石垣、外堀普請、堀浚い、地震跡、崩壊した土手の修復等のテーマで地下に埋もれた江戸城を紹介する。なお、移築された石垣は、九段下の雉子橋付近からの移築再現となる。

㊓ 南北線市ヶ谷駅構内の「江戸歴史散歩コーナー」

❼❹ 四谷外堀の土塁
　外堀を掘削したことによって発生した大量の土砂は、内側に盛られて土塁が設けられた。城外から城内の動きが見えないようにする目的もあった。現在花見の名所となっている四ツ谷駅から上智大学に沿ってのびる堤は当時の土塁の名残りである。

❼❺ 四谷見附枡形北東面石垣
　半蔵門を起点として西へ向う甲州街道に構えられた見附。雙葉学園前にわずかに残る石垣は、枡形北東隅の石垣で、ここから二之門（高麗門）の土塀が西に向って延びていた。櫓門は南西側に位置していた。

❼⓺ 市谷御門橋台東面石垣

市谷門に架かる見附橋台の現存する石垣。寛永13年（1636）森長継が担当し構築した石垣で、刻印も多く残る。橋はかつて木橋であったが、昭和2年（1927）にコンクリート造りで、長さ36.4ｍにわたり架設された。

❼⓻ 市ヶ谷橋より望んだ外堀

市ヶ谷橋から牛込門にかけての約1kmにも及ぶ外堀は、自然の谷地形を利用し、それを深く広くしたもので、現在も往時の姿を良く留めている。堀幅は1町（約109ｍ）余で、橋下の橋台が水位調節機能を持っていた。

❼❽ 牛込見附北東隅の石垣

　手前に高麗門、入って右側に櫓門を配す枡形門で、写真は北西隅にあたる。手前の石垣が高麗門脇の石垣である。明治35年（1902）石垣の大部分が撤去されたが、外堀見附の中では最も当時の面影を残している。

❼❾ 牛込見附南西部の石垣

　枡形門南東側の石垣で、この上に東西方向に櫓門が乗っていた（古写真8参照）。現在は、かつての門扉の東側の石垣だけが残され、西側の石垣は撤去されている。対岸にも石垣が残り、枡形門の巨大さが実感される。

(古写真8) 牛込門枡形を望む（江戸東京博物館所蔵）

江戸城外郭門は、敵の侵入を発見し、防ぐために「見附」と呼ばれる枡形門であった。江戸期の牛込見附は、上州道の出口となる交通の要衝で、周辺に楓が植えられ、見事な紅葉で名をはせた。手前に高麗門、奥の櫓門は21間×4間で、明治6年（1873）に撤去されている。明治初期の撮影。

石垣の刻印

　天下普請に際し、牛込門周辺を担当したのは阿波徳島藩主の蜂須賀忠英（2代藩主）であった。石材には、「阿波守」と記され、蜂須賀家担当を裏付ける。石材の刻印や文字は、石丁場で自家の丁場範囲を示すためや、石材の紛失・盗難を防ぐために彫られたもので、所有者を示すものであった。江戸城の石材のほとんどは、相模湾〜伊豆半島より運び込まれたもので、静岡県伊東市の石丁場には「卍」が刻印された石材も残されている。

⑳飯田橋西口の文字石

㉛ 牛込橋より望んだ外堀

　四ッ谷駅東の外堀公園から飯田橋駅西側牛込橋間の全長約 1.5kmの外堀が往時の姿を最も良く留めている。JR線に沿って広がり、牛込橋の土台は江戸期のもので、外堀に水を溜めるダムの役割を果たしていた。

㉜ 聖橋より見た神田川

　聖橋や御茶の水橋を挟んだ神田川両岸は、もともと地続きの台地であったが、江戸城防備の目的と、平川の氾濫を防ぐため、元和2年（1616）神田川開削工事を行った。両岸が崖のようになっているのは人工的に掘削したためである。

❽❸ 浅草見附跡の碑

　浅草見附は、江戸城惣構の外堀末端に位置し、神田川はこの下流で浅草川（隅田川）に注いでいる。江戸の東端奥州街道口の城門であったが、明治6年（1873）に撤去され、現在は石碑のみ残る。

❽❹ 浜御殿大手口櫓門北側石垣

　4代将軍家綱の弟綱重の子・綱豊（家宣）が6代将軍となり、綱重屋敷は「浜御殿」と称され将軍家別邸となった。現在の正門は枡形門で、周囲は石垣と堀で囲まれ、有事の際の海側を守る要塞の役割を担った。

江戸城略年表

西暦	和暦	記事
1456	康正 2	扇谷上杉氏の家宰太田道灌(資長)江戸築城に着手
1524	大永 4	北条氏綱が江戸城攻略。城代に遠山氏を置く
1590	天正 18	小田原攻め後、関八州に移封された徳川家康が城に入る
1600	慶長 5	関ヶ原合戦で、徳川家康が勝利し、江戸本拠が確定する
1603	慶長 8	家康、征夷大将軍となり、江戸に幕府を開く。諸大名に命じ神田山を切り崩し、日比谷入江を埋め立て城下拡張
1606	慶長 11	藤堂高虎の縄張により、大増築工事開始。西国諸大名に命じて、本丸・二の丸・三の丸と溜池から雉子橋までの外曲輪を築く
1607	慶長 12	天守完成。北の丸を築く。家康、隠居城の駿府へ移る
1611	慶長 16	東国諸大名に命じて西の丸・吹上の堀幅の拡張、桜田土橋の石垣・堀幅を拡張する
1614	慶長 19	西国諸大名に命じ、本丸・大手門・内桜田門の石垣構築
1616	元和 2	家康没、紅葉山に東照宮の造営開始。神田山を開削、平川から水を通して神田川とし、外堀とする
1620	元和 6	普請再開。内桜田門・清水門などの城内諸門の枡形構築
1622	元和 8	本丸大改造に着手。本丸御殿、天守台の改築
1623	元和 9	家光3代将軍に就任。元和度天守完成か
1624	寛永 元	西の丸御殿改築、秀忠移住。
1629	寛永 6	全国の諸大名に命じ、西の丸・吹上・外曲輪の工事開始。
1634	寛永 11	西の丸御殿焼失する
1635	寛永 12	二の丸拡張工事開始、翌年二の丸御殿完成する
1636	寛永 13	外郭の枡形・堀の修築により、惣構が完成する
1637	寛永 14	本丸御殿完成。天守台改造し、翌年寛永度天守完成する
1639	寛永 16	本丸御殿焼失、翌年再建が完成する
1657	明暦 3	明暦の大火。天守を始め、大半の櫓、門が焼失する
1659	万治 2	本丸御殿が再建される
1712	正徳 2	天守再建計画が提出されるも実現せず
1722	享保 7	外郭の塀を撤去し、松を植える
1747	延享 4	二の丸御殿焼失(同10年再建なる)
1772	安永 元	江戸市中の大火により、二の丸巽三重櫓等焼失する
1838	天保 9	西の丸御殿全焼する(翌年、御殿再建なる)
1844	弘化 元	本丸御殿全焼する(翌年、再建なる)
1852	嘉永 5	西の丸御殿全焼(この年、再建なる)
1859	安政 6	本丸御殿全焼する
1860	万延 元	最後の本丸御殿再建なる。井伊直弼、桜田門外で暗殺
1863	文久 3	西の丸、本丸御殿全焼する。以後、本丸御殿再建されず
1864	元治 元	西の丸御殿完成する
1867	慶応 3	大政奉還。二の丸御殿全焼する

1868	明治 元	新政府軍入城。天皇、江戸城に行幸し皇居とする
1872	明治 5	旧江戸城の二の丸・西の丸・吹上を皇居とする。旧城内の建物の取り壊し決定。外郭諸門が次々と撤去される
1888	明治 21	皇城を宮城と改称する。新宮殿が旧西の丸に完成
1923	大正 12	関東大震災により諸櫓・諸門が破損する
1956	昭和 31	外堀跡が「江戸城外堀跡」として国の史跡に指定
1960	昭和 35	「江戸城跡」として国の特別史跡に指定
1961	昭和 36	外桜田門・清水門・田安門が重要文化財に指定される
1966	昭和 43	皇居東御苑の一般公開が始まる

あとがき

　江戸城は、日本最大の面積を占める城であったことがお解りいただけましたか。現在の皇居周辺だけが江戸城だと思っていた人も多いのではないでしょうか。皇居周辺は江戸城の中枢部が置かれた内郭であって、その外側に広大な外郭が営まれていました。都心のど真ん中に残る「虎ノ門」とか「赤坂門」、わずかに城の面影を残すだけですが、ここも立派な江戸城の一部だったのです。見附という地名が残っていますが、これは外郭の城門の総称でした。気をつけて見ると、ビルの谷間の間に石垣が残されていたり、石碑が建てられていたりします。江戸城は、今も都市の下に眠っています。

　市谷付近の釣り堀や、グランドがまさか江戸城の外堀だったとは思ってもみなかったのではないでしょうか。ホテルニューオータニの前に残る池も外堀です。首都高速道路下にも、外堀が残り、あちこちに石垣が散見されます。2020年に再び東京でオリンピックが開催されます。これから、数多くの工事が行われることでしょう。首都高も見直されるかもしれません。その時は、ぜひ江戸城の外堀を復活してほしいものです。高速道路下にある堀や門を見るのはさみしい限りです。江戸で行われるオリンピックに合わせ、江戸城が少しでも整備されることを期待しています。

　「極める」シリーズは、これで5冊になりました。さて次回は、どこの城を極めることになるのでしょうか、乞うご期待！

　　　　　　2014年　FIFAワールドカップでの活躍を願う六月吉日

加藤 理文（かとう まさふみ）
1958年生まれ 駒澤大学文学部歴史学科卒業、博士（文学）
静岡県教育委員会を経て、現在袋井市立周南中学校教諭
■主な著作
『静岡の山城ベスト50を歩く』（編著）サンライズ出版　2009年
『静岡の城 ― 研究成果が解き明かす城の県史』
　　　　　　　　　　　　　　　　　サンライズ出版　2011年
『織豊権力と城郭―瓦と石垣の考古学―』　高志書院　2012年

江戸城を極める

2014年8月10日　初版第1刷発行

著　者／加　藤　理　文

発行者／岩　根　順　子

発　行／サンライズ出版株式会社
　　　　滋賀県彦根市鳥居本町655-1　〒522-0004
　　　　電話 0749-22-0627　FAX 0749-23-7720

Ⓒ 加藤　理文 2014　　　　　乱丁本・落丁本は小社にてお取り替えいたします。
ISBN978-4-88325-539-9 C0021　定価は表紙に表示しております。